Original Title: Die versteckte Pracht von Bali

Copyright © 2024 Book Fairy Publishing
All rights reserved.

Editors: Theodor Taimla
Autor: Claudia Kuma
ISBN 978-9916-39-593-6

Die versteckte Pracht von Bali

Claudia Kuma

Flüstern der alten Steine

In dunkler Nacht, bei Mondes Schein,
Vernehm' ich leis', was ward gewesen.
Die alte Steine flüstern fein,
Vergess'ne Zeiten, kaum gelesen.

Sie erzählen von Heldensinn,
Von Liebe, die durch Zeiten trägt.
Von Krieg und Frieden, tief im Inn,
Ein Echo, das sich ewig regt.

Geschichten, fest in Stein gemeißelt,
Von Zauber, der die Zeit überdauert.
Vergangenheit, die leise geißelt,
Durch Jahrhunderte fein gesäuert.

Hier, wo Geschichte atmet, leise,
In jedem Stein, in jeder Fuge.
Bewahrt sich die Vergangenheit weise,
Ein Flüstern, süß wie alte Zuge.

Der Atem des Drachen

Hoch über Berges Spitzen weit,
Ein Drache in der Dämmerung reitet.
Sein Atem, Feuer und auch Streit,
Die Wolken rot und gold bereitet.

Er zieht seine Kreise, stolz und frei,
Sein Schrei durchbricht die Stille sacht.
In seiner Bahn, die Welt so klein,
Er hält über das Land die Wacht.

Die Flügel schlagen, kraftvoll, groß,
Erheben ihn in nächtlich' Sphären.
Im Flug verglühen Stern und Moos,
Kein Wesen mag sich ihm entgehren.

Sein Antlitz, furchterregend, klar,
Ein Wesen aus vergang'ner Saga.
Doch in seinem Herz, so offenbar,
Ruhe sanft und eine leise Klage.

Pfade der Erleuchtung

Am Gipfel der Wahrheit, klare Sicht,
Verborgene Pfade, im Mondenlicht.
Durch dunkle Wälder, über steile Höh'n,
Wir suchen nach Erleuchtung, stets vorwärts geh'n.

Die Sterne leiten uns, so fern und doch nah,
Ihre Funkeln im Herzen, als wär'n sie schon da.
Jedes Blatt, jeder Stein birgt Weisheit so alt,
Auf den Pfaden der Erleuchtung, gefasst und doch kalt.

Ein Flüstern in Bäumen, der Wind erzählt,
Von vergessenen Welten, die Dunkelheit erhellt.
Ein Schritt nach dem anderen, der Atem so leicht,
Auf Pfade der Erleuchtung, das Ziel erreicht.

Das Erwachen der Riffe

Unter Wellen, tief verborgen,
Erwachen die Riffe, schillernd, morgen.
Farbenfroh, das Leben blüht auf,
In der Tiefe der Meere, nimmt seinen Lauf.

Fische schwimmen, in Reigen, so bunt,
Im Rhythmus der Strömungen, gesund.
Korallen leuchten, in Rot und in Blau,
Ein Paradies unter Wasser, staunend schau'.

Meerestiere, sie tummeln sich,
Im Einklang der Natur, frei und frisch.
Das Erwachen der Riffe, so still und rein,
Ein Wunder der Schöpfung, lässt uns nicht allein.

Flüchtige Begegnungen

Auf Straßen, in Gassen, im Licht der Laterne,
Flüchtige Begegnungen, nah und ferne.
Blicke, die kreuzen, ein Lächeln, kurz und scheu,
Momente des Lebens, flüchtig und frei.

Gesichter, die vorübereilen, im Takt der Zeit,
Geschichten verbergen, Freud und Leid.
Ein Wort, ein Gruß, im Vorübergehn',
Flüchtige Begegnungen, selten verweh'n.

Hand in Hand, für einen kurzen Moment,
Vertraut und fremd, als ob man sich kennt.
Ein Gefühl, das bleibt, tief im Herzen drin,
Flüchtige Begegnungen, ziehen ihren Sinn.

Mondlicht in Jimbaran

Mondlicht schimmert auf dem Meer,
In Jimbaran, leise, das Herz so schwer.
Die Wellen singen, sanft und sacht,
Eine Melodie der Nacht.

Die Palmen wiegen, im mondenen Schein,
Der Sand, so warm, lädt zum Träumen ein.
Sterne glitzern, in der Ferne klar,
Die Nacht in Jimbaran, wunderbar.

Fischerboote, wie Schatten, zieh'n hinaus,
Auf den Wellen, zum fernen Leuchtturmhaus.
Das Mondlicht in Jimbaran, so still, so rein,
Hüllt alles in Schönheit, in seinen Schein.

Farben von Denpasar

Im Herzen von Denpasar, bunt und klar,
Zwischen Gassen, die Geschichten bewahren.
Der Sonne Glut, im Tanz so wunderbar,
Malen Schattenbilder, die in Erinnerungen fahren.

Blaue Töne über dem Marktplatz schweben,
Grün der Reisfelder, ein leuchtendes Band.
Rot der Tempel, zu Ehren des Lebens,
Gelb der Sand, küsst sanft den Strand.

Die Farben flüstern, in der Mondesnacht,
Silbernes Licht, das sanft erwacht.
Schwarz die Stille, bevor der Tag erwacht,
Ein Mosaik von Denpasar, in voller Pracht.

Wellenflüsterer

Am Rande des Meeres, wo Wellen flüstern,
Spricht die Seele des Wassers, tief und klar.
Wellen erzählen in silbernem Muster,
Geheimnisse, geboren aus Schaum, so wunderbar.

Hör, wie der Wind die Geschichten trägt,
Von stürmischen Zeiten, wild und roh.
Wie die Sehnsucht im Herzen sich regt,
Im Rhythmus der Wellen, ewigem Echo.

Der Horizont ruft, in der Ferne so nah,
Wellenflüsterer, zwischen den Welten, wahr.
Sein Lied, ein Versprechen, das immer da,
In den Tiefen des Meeres, klar und wahr.

Das Flüstern der Schmetterlinge

Unter dem Baldachin des alten Baums,
Wo Schmetterlinge fliegen, in ihrem Traum.
Sie flüstern Geschichten, farbenfroh und leicht,
Von der Blüte zur Blüte, in Freiheit erreicht.

Das Rauschen der Blätter, ein symphonisches Lied,
In dem das Flüstern der Schmetterlinge niemals flieht.
Sie tanzen im Licht, im wärmenden Strahl,
Ihre Farben erzählen, eine himmlische Wahl.

So leise, so zart, in der Luft so rein,
Ist das Flüstern der Schmetterlinge, einzigartig und fein.
Ein Ballett der Natur, in prächtigem Kleid,
Eine Welt voller Zauber, in der Zeit verweilt.

Legenden der Drachen

In den Tiefen der Wälder, verborgen und alt,
Ruhen Drachen, in Mythen gestalt.
Ihr Atem so heiß, ihre Schwingen so weit,
Behüter der Schätze, in Ewigkeit.

Ihr Brüllen durchdringt die stille Nacht,
In Legenden gewoben, mit Macht bedacht.
Ihre Augen, leuchtend wie Sterne so klar,
Wächter der Welten, nah und dar.

Sie steigen empor, im Mondenschein,
Frei von Fesseln, in Einheit allein.
Legenden der Drachen, in Seelen gespeist,
Bewahren die Weisheit, die ewig kreist.

Echoes in den Reisterrassen

Auf den weiten, grünen Feldern,
leise flüstert Wind die Lieder,
die von alten Zeiten künden,
in den Reisterrassen wieder.

Sanft wiegen sich die Halme im Takt,
der Natur eig'ner, ruhiger Beat,
als ob jeder Halm leise spricht,
von Geheimnissen, die er bewacht.

Echoes hallen über die Terrassen,
tragen Geschichten weit hinaus,
von Arbeit, Leben und der Mühen Last,
von der Ernte Dank im Bauernhaus.

Sonnenstrahlen küssen die Spitzen,
verwandeln Grün in Gold so sacht,
in den Reisterrassen, fern und nah,
liegt verborgen die wahre Pracht.

Der erste Sonnenstrahl in Ubud

Morgens, wenn die Welt noch schläft,
der erste Sonnenstrahl sich hebt,
in Ubud, wo die Stille regiert,
und die Natur die Seele berührt.

Über Tempeldächer streicht das Licht,
erwacht die Stadt, die noch im Traume liegt,
die Farben leuchten, beginnen zu singen,
von der Schönheit, die sie umringen.

Das Grün der Felder im Sonnenglanz,
vögel zwitschern ihren Morgenstanz,
Ubud erwacht, ein neuer Tag beginnt,
wo jeder Moment seine Magie gewinnt.

Der erste Strahl bricht die Nacht,
erzählt Geschichten, voller Pracht,
über Ubud, voller Leben und Traum,
wo jeder Morgen beginnt wie ein Zauberbaum.

Geheime Tempelrituale

In der Stille verborgener Stätten,
geheime Rituale, die beten,
an alte Götter und Mythen binden,
Wo Geister in den Winden find' sind.

Kerzenflackern, Räucherschwaden,
durch die Luft, geheimnisvoll beladen,
Flüstern alter, heiliger Worte,
öffnen uns geheime Pforte.

Schritte hallen auf altem Stein,
im Tempel wird man nie allein,
Denn die Ahnen steh'n bei Seite,
in jeder Zeremonie, weite.

Geister der Vergangenheit rufen laut,
in jedem Ritual, tief vertraut,
Tempel hüten das alte Wissen,
das wir niemals sollten vergessen.

Sonnenküsse in Padangbai

Der Morgen erwacht, so frisch und so klar,
In Padangbai, wo das Paradies war.
Die Sonne küsst das Meer zum Tag,
Die Wellen lachen, hell und wach.

Auf den Lippen ein salziger Traum,
In der Brise spielt ein sanfter Rauch.
Palmen wiegen sich im goldenen Schein,
Sonnenküsse, so warm und fein.

Fischer setzen die Segel, bereit,
Fahrend ins goldene Morgenkleid.
Ihre Netze tanzen im Licht,
Fangen die Hoffnung, das Gesicht.

Unter dem Himmel, weit und blau,
Leuchtet Padangbai, ewig im Tau.
Sonnenküsse, die der Tag verspricht,
Ein Gedicht in jedem Gesicht.

Im Bann des Vulkanasche

Im Schatten des Riesen, still und schwer,
Liegt das Land im Ascheregen leer.
Der Vulkan, er raucht, so grau und kalt,
In seiner Macht, uralt und alt.

Die Erde zittert, ein leises Beben,
Ein Hauch von Tod, im Wind verweben.
Die Asche fällt, ein grauer Schnee,
Verdeckt das Land, wie eine unsichtbare See.

Doch Leben trotzt in diesem Grau,
Ein grüner Spross, im Morgentau.
Hoffnung keimt in dunkler Nacht,
Im Bann der Asche, leise erwacht.

Menschen, die mit Hoffnung blicken,
Die nicht weichen, nicht erdrücken.
Ihre Herzen stark, im Ascheregen,
Im Bann des Vulkans, auf allen Wegen.

Die Melodie der Reisfelder

In grünen Wellen, weit und breit,
Singt die Erde ihr altes Lied.
Das Wasser plätschert, sanft und leicht,
Ein Flüstern, das ins Morgen zieht.

Die Sonne streichelt jedes Blatt,
Ein Kuss, der Leben neu entfacht.
Im Wind die Halme, sie tanzen sacht,
Eine Melodie, zart gedacht.

Füße barfuß im kühlen Nass,
Folgen dem Rhythmus, Schritt für Schritt.
Im Herzen klingt ein Zauber, das,
Die Melodie der Reisfelder mit.

Der Abend naht, das Licht wird weich,
Im Schatten spielen Farben sich.
Die Stille singt, so reich und tief,
Die Melodie, sie endet nie.

Mystische Dämmerung

Wenn das Licht schwindet, leise, sacht,
Und der Tag der Nacht Platz macht.
Entsteht ein Zauber, tief und weit,
In der mystischen Dämmerungszeit.

Die Sterne funkeln, ganz versteckt,
Der Mond sein Silberlicht entdeckt.
Ein Schleier legt sich über Land,
Verzaubert von einer unbekannten Hand.

Die Schatten tanzen, so wild und frei,
Im Zwielicht, wo nichts sicher sei.
Geheimnisse flüstern in der Luft,
In der Dämmerung, voller Duft.

Ein Fuchs schleicht leise durch das Feld,
Sein Blick, so alt, erzählt.
Von Magie in diesen Stunden klein,
Mystische Dämmerung, ganz allein.

Geheimnisvolles Klänge der Nacht

Im Dunkel der Nacht, geheimnisvoll und sacht,
wir hören die Flüstern, die leise erwacht.
Ein Wispern in Bäumen, ein Rufen so klar,
die Nacht voller Klänge, wunderbar.

Ein Eulenruf durchbricht die Stille,
ein Klang so alt, voll tiefer Hülle.
Der Wind singt Lieder von fernen Zeiten,
Erzählungen, die im Dunkel reiten.

Sterne funkeln, in rhythmischer Pracht,
Erzählen Geschichten, halten Wacht.
Ein Bach plätschert leise durch die Nacht,
ein Lied, das zur Ruhe und Frieden macht.

In der Ferne ein Wolf, er heult zum Mond,
In den Klängen der Nacht, findet Seel' ihren Grund.
Die Magie, die lebt in dieser stillen Zeit,
In jedem Ton, in der Unendlichkeit.

Das Paradies hinter dem Nebel

Hinter Schleiern von Nebel, verborgen tief,
liegt ein Paradies, in ewigem Schlief.
Grün so leuchtend, Blumen bunt und klar,
ein Traumland, fern und wunderbar.

Ein Sonnenstrahl bricht durch den Grau,
Enthüllt die Schönheit, pur und genau.
Vögel singen, die Luft ist rein,
In diesem Garten, möcht' ich sein.

Bäche plätschern, in sanftem Ton,
In diesem Eden, scheint ewig die Sonn'.
Die Früchte süß, die Luft so mild,
Ein Ort der Ruhe, frei und wild.

Die Natur in all ihrer Pracht,
Hat hier ein Meisterwerk vollbracht.
So bleibt der Ort hinter dem Nebel versteckt,
Ein Paradies, das Herzen weckt.

Legenden aus dem Herzen Balis

Insel der Götter, im blauen Meer,
Bali, so fern und doch so sehr,
Ein Land voll Magie, und Legenden alt,
Geschichten, in den Sternen erzählt.

Reisfelder leuchten in smaragd'ner Pracht,
Tempel stehen still, in mystischer Nacht.
Tänzer bewegen sich, in Harmonie,
Erzählen von Balis Seele, in Poesie.

Heilige Berge ragen in den Himmel hoch,
Behüten die Insel, nach altem Brauch.
Die Geister sprechen, in jeder Allee,
Von Liebe und Leid, vom ewigen Weh.

Das Meer umspült Balis sanften Sand,
Erzählt von Stürmen, und von festem Land.
So klingt in jeder Welle, Nacht für Nacht,
Eine Legende, in Balis Herz gebracht.

Unter dem Schutz des Gunung Kawi

Im Schatten des Gunung Kawi so groß,
Ruhet ein Dorf, in Frieden, famos.
Umgeben von Feldern, in Grün so weit,
Steht es dort in seiner Bescheidenheit.

Majestätisch, der Berg ruft seinen Namen,
Unter seinem Schutz, können wir zusammen.
Die Ahnen warten, in Stein gemeißelt tief,
Bewachen den Schlaf, den friedvollen, lieb.

Am Morgen, die Sonne den Nebel küsst,
Der Tag erwacht, in voller Pracht er ist.
Der Fluss nebenan, erzählt eine Geschichte,
Von Leben und Liebe, ewige Sichtweise.

Hier, wo die Götter noch wandeln auf Erden,
Kann man die Echos der Vergangenheit werden.
Gunung Kawi, so mächtig und rein,
Unter deinem Schutz, werden wir immer sein.

Flüstern der Götterstatuen

In alten Hallen, still und weit,
Verborgen in der Ewigkeit,
Die Götterstatuen, Stein so kalt,
Bewahren Geheimnisse, uralt.

Ihr Flüstern leise in der Nacht,
Von alten Sagen wird erwacht.
Im Mondeslicht, ganz sanft erhellt,
Erzählen sie von ihrer Welt.

Die Zeiten kommen, Zeiten gehn,
Sie bleiben stets majestätisch stehn.
Ihr Schweigen spricht Bände tief und klar,
Von allem, was einst gewesen war.

Ein Echo hallt durch die Zeit zurück,
Berührt die Seelen mit ihrem Glück.
Die Götterstatuen, in Stein gemeißelt,
Ihre Geschichten in die Ewigkeit gereist.

Am Rande des Reisfeldes

Am Rande des Reisfeldes, grün und weit,
Steht ein alter Baum, Zeuge der Zeit.
Seine Äste breiten sich aus zum Himmel,
Überblicken das Land, friedlich und schlicht.

Unter dem Blätterdach, verborgen im Grün,
Findet das Leben seinen ruhigen Sinn.
Vögel singen Lieder, zart und rein,
In ihrem Schutz fühlt man sich nicht allein.

Der Wind trägt die Düfte der Erde heran,
Erzählt von der Arbeit, von des Bauern Bahn.
Das Wasser fließt leise, nährt den Grund,
Und im Reisfeld spiegelt sich der Sonnenstund.

Die Ähren wiegen sich im Abendrot,
Erzählen Geschichten von Glück und Not.
Am Rande des Reisfeldes, unter dem Baum,
Ruht sich die Welt aus, wie in einem Traum.

Unter dem Wasserfall versteckt

Verborgen tief im grünen Wald,
Wo das Wasser stürzt, gewaltig, kalt.
Ein Geheimnis unter dem Wasserfall,
Versteckt und frei, für uns alle, überall.

Das Rauschen übertönt die Stille ganz,
Ein Lied der Natur, ein fließender Tanz.
Sprühnebel steigt auf, kühl und fein,
Hüllt alles ein in einen Schleier, rein.

Unter dem Wasserfall, in versteckter Pracht,
Entfaltet die Natur ihre ganze Macht.
Tropfen tanzen, Licht bricht sich in Bögen,
Ein Zauberort, von Regenbögen umzogen.

Felsen umarmen das tosende Nass,
Wo die Zeit verliert ihren eigenen Maß.
Unter dem Wasserfall, verborgen, sacht,
Hat die Welt eine Oase der Ruhe gemacht.

Der Duft von Frangipani

Der Duft von Frangipani, süß und schwer,
Füllt die Luft, umhüllt mich mehr und mehr.
Weiß und gelb, in voller Blüte steht,
Ein Symbol für Liebe, die niemals vergeht.

In tropischer Wärme, unter dem Himmelszelt,
Wächst die Frangipani, schön anzusehn auf dieser Welt.
Ihre Blüten, zart und stark im Duft,
Tragen in sich die tropische Luft.

Der Duft streift durch die Nächte, lang und klar,
Erzählt von Orten, fern und wunderbar.
Frangipani, in deiner Pracht so rein,
Dein Aroma bringt Erinnerungen, lädt zum Träumen ein.

Am Morgen, wenn die Sonne neu erwacht,
Glänzt die Frangipani voller Kraft und Macht.
Ihr Duft, ein Geschenk an den neuen Tag,
Eine Erinnerung, die man im Herzen trägt.

Pfad der Götter

Auf Wegen, wo die Götter schreiten,
zwischen Sternenstaub und ewigen Zeiten,
schimmert das Licht in dunklen Weiten,
dort soll mein Geist in Freiheit gleiten.

Gebirge, hoch und majestätisch,
die Luft so rein und fast ätherisch,
hier spüre ich das Echo göttlich,
auf diesem Pfad, so still und prächtig.

Wolken tanzen im Sonnenglanz,
weise Zeichen in ihrem Tanz,
der Götter Weisheit, hell und klar,
erreicht mein Herz so wunderbar.

In der Stille, so tief und weit,
hör' ich die Stimme der Ewigkeit,
die mir den Weg weist, zart und leise,
auf dem Pfad der Götter, auf meiner Reise.

Das Geheimnis der heiligen Quellen

Im Wald versteckt, unter Moos und Stein,
liegt eine Quelle, rein und fein,
das Wasser flüstert leise Sagen,
von alten Zeiten, längst vergangenen Tagen.

Es heißt, wer trinkt von diesem Quell,
spürt Lebenskraft, intensiv und hell,
die Geheimnisse der Erde tief in sich,
fühlend, was das Auge nicht erblickt.

In der Stille, wenn der Mond so hell,
offenbart die Quelle ihr Geheimnis schnell,
der Geist wird weit, das Herz wird leicht,
von heil'gem Wasser, das dem Himmel gleicht.

Die Bäume flüstern, der Wind singt leis,
die Quelle, sie erzählt von einer weisen Reis',
die Seele reinigt sich, wird ganz und gar,
im Einklang mit dem Universum, wunderbar.

Gesänge des Ozeans

Hörst du den Ruf, so weit und groß,
den Gesang des Ozeans, wunderbar und los,
Wellen tanzen, Schaumkronen im Licht,
ein Lied der Tiefe, das zur Freiheit spricht.

Die Gischt erzählt von fernen Welten,
von stürmischen Nächten, ruhigen Schwellen,
vom Rauschen des Meeres, das niemals ruht,
dem Geheimnis des Lebens, so kraftvoll und gut.

Tief unter der Oberfläche, in blauer Pracht,
da wartet die Stille, so friedlich und sacht,
wo die Geschichten der Tiefe leben,
die nur der Ozean kann geben.

Die Sonne sinkt, der Himmel brennt,
der Ozean singt, als ob er uns kennt,
er ruft die Seelen, die nach Freiheit streben,
mit seinen Liedern, die ewig leben.

Im Bann der Inselgeister

Auf Inseln, fern im großen Meer,
wo Geister wandeln, leise und schwer,
da flüstern die Winde, da rauscht der Wald,
von Mächten, die halten das alte Gestalt.

Geheimnisse, tief in der Erde vergraben,
von Inselgeistern bewacht, ohne zu verzagen,
wo der Nebel die Sicht trübt, mysteriös und dicht,
liegt das Geheimnis verborgen, im Zwielicht.

Die Wellen erzählen von Nächtens Traum,
von Schatten, die gleiten im Mondenschaum,
wo die Geister der Inseln, in der Dunkelheit,
beschützen ihren Schatz, durch alle Zeit.

Im Einklang der Natur hört man sie flüstern,
die Geschichten der Insel, mystisch und düster,
wo das Herz fühlt, was Worte nicht sagen,
im Bann der Inselgeister, in alten Tagen.

Der Geist von Tirta Empul

In den heiligen Wassern, klar und tief,
Ein Geist, der durch die Zeiten schlief.
Er wacht über Tirta Empul bei Tag und Nacht,
In seinem Bann, die heilige Macht.

Flüsternd mit den Blättern im Wind,
Seine Geschichten erzählt, geschwind.
Gläubige kommen und beten an,
Erneuern ihren Geist, dann ziehen sie voran.

Die Quelle sprudelt, rein und leise,
Bringt Hoffnung und heilt auf ihre Weise.
Jeder Tropfen, von Magie durchdrungen,
Lieder des Geistes, unbesungen.

In den Tiefen verborgen, sein alter Thron,
Umgeben von Mythen, unter der Sonn'.
Der Geist von Tirta Empul, wach und fein,
Segnet die Reisenden mit Wasser so rein.

Lieder des Meeres

Hörst du das Rufen, tief und weit,
Das Lied des Meeres, in Ewigkeit.
Wellen tanzen im Einklang, so frei,
Ein Ruf, so alt, wie die Gezeiten dabei.

Der Horizont weit, das Wasser tiefblau,
Segler hören die Lieder genau.
Sie erzählen von Fernweh, von Liebe, von Leid,
Von Stürmen, von Ruhe, von Vergangenheit.

Möwen kreischen, die Sonne sinkt,
Das Meer in goldenem Licht erblinkt.
Die Lieder des Meeres, tragen sie fort,
Über das Wasser, an jeden Ort.

In der Tiefe, wo die Stille regiert,
Ist es, wo das Meer seine Lieder zitiert.
Für den, der lauscht, weit hinaus,
Führen sie ihn, nach Haus.

Pfade durch den Dschungel

Unter dem Blätterdach, verborgen, still,
Ein Pfad, der sich windet, wohin er will.
Tief im Dschungel, geheimnisvoll und wild,
Ein Ort, der mit Wundern, die Zeit erfüllt.

Moosbedeckte Steine, ein leises Rauschen,
Flüsse, die durch das Dunkel lauschen.
Vögel singen, die Luft ist schwer,
Ein Pfad, der erzählt, immer mehr.

Orchideen blühen, so farbenfroh,
In einem Reich, so unendlich groß.
Lichtstrahlen brechen durch das Grün,
Ein Schauspiel, das verzaubert, im Morgentau'n.

Der Pfad führt weiter, immer tiefer hinein,
Zu Geheimnissen, versteckt, allein.
Pfade durch den Dschungel, so alt wie die Zeit,
Ein Abenteuer, das zur Entdeckung einlädt.

Der Ruf der Barong

Hört, der Barong ruft in der Nacht,
Ein Schutzgeist, stark in seiner Macht.
In Bali, wo Götter und Dämonen streiten,
Steht er für Gutes, in allen Zeiten.

Sein Ruf, so kraftvoll, ein Donnergrollen,
Lässt alle Dunkelheit, schrecklich, zerschollen.
Menschen versammeln sich, mutig, bereit,
Im Tanz, der Vertreibung, der Dunkelheit.

Masken und Stoffe, in Farben, hell,
Erzählen des Barong's Geschichte, schnell.
Im Kampf gegen das Böse, so alt der Brauch,
Sein Ruf, ein Schutz, in seinem Rauch.

Der Barong führt, durch die Nacht,
Mit Kraft und Liebe, hat er gedacht.
Für die Menschen, sein Kampf, sein Lied,
Das Böse weicht, wenn der Barong riet.

Im Herzen des Dschungels

Tief im grünen Dschungelherz verborgen,
Wo das Dunkel flüstert, leise, sorgen.
Schwingt das Lied der wilden, freien Tiere,
Gibt dem Wald sein einzig wahres Ziere.

Geheimnisse, die nur der Mond versteht,
Wo der Fluss seine Wege leise geht.
Baumkronen, die zum Himmel sich erstrecken,
Im Herzen des Dschungels, Geister wecken.

Lianenschaukel, luftig, leicht und weit,
Hier ist die Natur in ihrer Einigkeit.
Tiger schleichen sanft auf leisen Pfoten,
In dieser Welt, vom Mensch noch unbetreten.

Sterne, die durch das Blätterdach nun blinzeln,
Kreise zieh'n im Wasser, Fische glitzern.
Die Nacht erwacht, ein sanftes, wildes Singen,
Im Herzen des Dschungels, Träume bringen.

Wo die Götter flüstern

Auf den Gipfeln, hoch und unerreicht,
Wo der Himmel die Erde leise streicht.
Da flüstern die Götter im Wind so kalt,
Erzählen Geschichten, alt und bald.

In den Tälern, tief, wo Schatten wohnen,
Götter ihre Weisheit leise lohnen.
Flüsternd, singend durch die Nacht,
Haben sie uns das Träumen gebracht.

Wo der Sturm die Wolken treibt,
Und der Donner in den Bergen bleibt.
Da hört man sie, ganz leise, im Grunde,
Erzählen vom Anbeginn der Stunde.

Sterne tanzen in nächtlicher Pracht,
Wo die Götter halten die Wacht.
Flüstern Träume in jedes Ohr,
Leiten die Seelen zum himmlischen Tor.

Zwischen Himmel und Erde

Zwischen Himmel und Erde, weit gespannt,
Liegt ein Traum, zart wie ein zartes Band.
Schwebend, leicht, in blauem Ätherglanz,
Trägt uns fort in einen endlosen Tanz.

Windesflügel, die uns sanft berühren,
Können die Seele in die Freiheit führen.
Zwischen Himmel und Erde, schweben, schwingen,
Lassen Herzen höher und mutiger singen.

Unter Sternen, die am Himmel thronen,
Über Wiesen, wo die Blumen wohnen.
Ist die Verbindung tief und unergründet,
Zwischen Erde und Himmel, fest verbündet.

Da, wo Träume Flügel bekommen,
Haben Hoffnungen ihren Weg genommen.
Zwischen Himmel und Erde, in diesem Raum,
Leuchtet die Zukunft wie ein Traum.

Verborgene Pfade ins Nirgendwo

Auf Pfaden, verborgen und unbetreten,
Wo Geheimnisse ihre Wächter beten.
Führen Wege ins Nirgendwo, so leer,
Doch voller Hoffnung, immer mehr.

Durch Wälder, tief, und über Berge, hoch,
In Täler, wo die Stille noch zu roch.
Die Pfade, sie winden sich, fern und nah,
Ins Nirgendwo, wo das Wunder noch war.

Schritte, leise, in der Einsamkeit,
Folgen dem Ruf, der in die Ferne leitet.
Durch das Dunkel, hindurch zum Licht,
Auf jenen Wegen, die die Welt noch nicht sicht.

Nebel, der die Sicht zu trüben mag,
Verbirgt den Pfad bei Tag und Nacht.
Doch wer mutig ist und wagt die Reise,
Findet mehr als nur die leise Weise.

Legenden gewoben in Seide

Im Schatten alter Bäume verborgen,
Geschichten in Seide, zart und fein.
Sie flüstern von Helden, unvergessen,
Der Vergangenheit Glanz, im Morgenlichtschein.

Legenden, in feinste Gewänder gehüllt,
Von Kriegern so mutig, von Weisen so klug.
In jedem Faden, ein Abenteuer gebildet,
Ein jedes Muster, ein Schicksal, zurückgelegt.

Unter dem Mond, in der kühlen Nacht,
Tanzen die Schatten, Seide flattert sacht.
Erzählen von Liebe, von Leid, und Macht,
Von Zeiten der Freude, und dunkleren Nächten.

Im Morgentau, glitzernd und klar,
Seide, die spricht von vergangener Jahr'.
Bewahrt die Geschichten, so kostbar, so rar,
Legenden gewoben, in Seide, wunderbar.

Der ewige Tanz von Feuer und Wasser

In der Tiefe der Welt, verborgen und wild,
Tanzen Feuer und Wasser, ungestüm, unbefrild.
Ein Kampf, so alt, wie die Erde besteht,
Ein Tanz, der niemals zur Ruhe geht.

Feuer leckt hungrig über das Land,
Wasser strömt herbei, gibt Leben, nimmt Stand.
In ihrer Umarmung, Zerstörung und Neubeginn,
Ein ewiger Kreislauf, gibt Sinn dem Sinn.

Flammen züngeln, berühren die Wellen,
Wasser umschließt das Feuer, will es fällen.
Doch aus ihrer Berührung, entsteht Leben neu,
Eine Symbiose, selten, doch treu.

In der Brandung des Lebens, wild und groß,
Wo Feuer und Wasser begegnen sich bloß,
Da entsteht Magie, in unendlicher Flos,
Der ewige Tanz, von Feuer und Wasser, grenzenlos.

Geister der Ahnen in der Brise

Leise weht die Brise, durch die Zeit,
Trägt die Stimmen, der Ahnen, weit.
Flüstern von Weisheit, längst vergangen,
In den Winden, sie sind gefangen.

Sie erzählen Geschichten, alt und neu,
Von Mut und Trauer, in der Morgenfeuchteig.
Ihre Worte, sanft wie der Flügelschlag,
Begleiten uns durch den Tag.

Im Rauschen des Laubes, im Wispern des Grases,
Erklingen die Stimmen, wie in alten Phrasen.
Sie leiten uns, geben uns Kraft,
Geister der Ahnen, mit uns gedacht.

In der Stille des Abends, im Schimmer des Mondes,
Fühlen wir ihre Nähe, in unseren Sonder.
Sie umhüllen uns, in der kühlen Nacht,
Geister der Ahnen, in der Brise erwacht.

Die unendliche Ruhe des Sees

Tief liegt der See, ruhig und klar,
Spiegelt den Himmel, die Berge, so wahr.
Kein Wellenschlag stört die idyllische Ruh',
Die Stille bewahrt er, in sich, dazu.

Auf seinem Grunde, Geheimnisse schlafen,
Von Zeiten, als Wälder noch Lieder riefen.
Er bewahrt sie in Tiefe, hält ewig die Wacht,
Über Legenden, die Nacht um Nacht.

Der Mond, wie ein Wächter, über ihn zieht,
Sein silbernes Licht, im Wasser versieht.
Erzählt von der Ruhe, die unter ihm liegt,
Von der Stille, die in der Tiefe siegt.

So liegt er da, Jahr um Jahr,
Der See, so still, so unendlich klar.
Bewahrt die Ruhe, in sich gespeichert,
Ein Stück der Ewigkeit, hier verweigert.

Zwielicht über den Reisfeldern

Im Zwielicht glänzt die ruh'ge Flut,
Über den Feldern, fein und weit.
Ein sanftes Flüstern, in der Luft tut gut,
Der Tag neigt sich, die Stille breitet sich bereit.

Die Halme wiegen sich im Wind,
Ein grünes Meer in Abendlicht getaucht.
Frieden, der hier seinen Anfang find't,
Der Himmel rot und violett, in Farben auch.

Die Vögel ziehen in der Ferne,
Ihr Lied klingt leise durch das Tal.
Im Zwielicht alter Zeiten Sterne,
So endet hier des Tages schöne Qual.

Bald legt sich Nacht über das Land,
Doch in den Feldern, still und sacht.
Erwacht ein Traum, so wundersam,
Zwielicht über Reisfeldern, hält die Wacht.

Der verlorene Palast im Dschungel

Verborgen tief im Dschungelgrün,
Ein Palast, verloren, kaum zu sehn.
Wo sich alte Geister die Hände reichen,
Und Lianen wie Zeiten sich neigen.

Moos bedeckt die alten Stein,
Geschichten verborgen, im Dunkeln allein.
Die Ruinen flüstern leise die Sage,
Von Macht und Pracht, von Liebe und Zage.

Durch das Dickicht, ein Pfad kaum bekannt,
Führt zu dem Ort, der längst verbannt.
Der Dschungel hält ihn in festem Griff,
Ein Geheimnis unter seinem grünen Dach, tief.

Hier, wo das Licht nur selten bricht,
Erzählt jede Ruine ihre eigene Geschichte.
Vom verlorenen Palast, der einst erhob,
Im Dschungel verborgen, und doch – von Träumen umwob.

Verschleierte Sichten auf den Agung

Hoch über den Wolken, so mächtig und kühn,
Der Agung thront, in Wolken gehüllt.
Sein Gipfel verborgen, als scheue er sich zu zeigen,
Verschleierte Sichten, die Geheimnisse verhüllen.

Der Wind erzählt Geschichten, alt und neu,
Von Göttern, die auf Bergen wohnen, so scheu.
Der Nebel tanzt, leicht und frei,
Umhüllt den Berg in einem mystischen Schleier.

Mit jedem Schritt, den man sich nähert,
Wird der Atem schwerer, die Sicht nur verklärt.
Verschleierte Sichten auf den Agung so hoch,
Ein Rätsel, versteckt, in den Wolken ein Loch.

Die Sonne bricht durch, ein Strahl so licht,
Enthüllt die Pracht, das verborgene Gesicht.
Für einen Moment, so klar und rein,
Zeigt der Agung sich, lässt niemanden allein.

Der Geist des Meeres

In der Tiefe des Meeres, weit und blau,
Wohnt ein Geist, so alt und schlau.
Er singt die Lieder, längst vergessen,
Von versunkenen Städten, von Schätzen besessen.

Er ruft die Stürme, er beruhigt die Flut,
Mit ihm das Meer, im ewigen Gut.
Er wacht über Geheimnisse, tief und groß,
Der Geist des Meeres, in Wellen bloß.

Seine Stimme wiegt die Seefahrer ein,
In den Nächten, so klar, unter dem Sternenschein.
Er führt sie durch die Dunkelheit, so kalt,
Der Geist des Meeres, unendlich alt.

Doch wer ihn sucht, wird niemals finden,
Denn er lebt in den Wellen, in den Winden.
Der Geist des Meeres, ein Rätsel bleibt,
In der Tiefe, wo er ewig treibt.

Unter den Sternen von Kuta

Am Strand von Kuta, unter Sternenzelt,
Ein sanfter Wind, der durch die Palmen streicht.
Die Wellen spielen leise mit dem Sand,
Ein Flüstern alter Lieder in der Nacht.

Die Sterne funkelnd, in der Ferne klar,
Ein Bild gemalt in schimmerndem Pastell.
Die Nacht erwacht in sanftem Silberglanz,
Unter den Sternen träumt sich's ohne Grenz.

Die Liebenden, sie wandern Hand in Hand,
Ihr Flüstern mischt sich unter Sternenlied.
Im Mondenschein, da glänzt ihr zarter Kuss,
Die Zeit scheint still zu stehen, nur für uns.

Am Horizont beginnt der Tag zu grau'n,
Doch unter Sternen von Kuta, ew'ge Ruh'.
Die Nacht verweilt, als wollt' sie nie vergeh'n,
Ein Paradies, wo Sterne leise dreh'n.

Das Geheimnis der Bananenblätter

Im Dschungel tief, wo Licht nur selten fällt,
Da flüstern Blätter von geheimen Welten.
Die Bananenblätter, grün und breit,
Bewahren Schätze, die kein Mensch je zählt.

Sie wiegen sanft in jedem Windgesang,
Verbergen Orte, die niemand sonst kennt.
In ihrem Grün, verborgene Geschichten,
Von alten Zeiten, und was einst hier stand.

Sie dienen als ein Dach in sturmer Nacht,
Schutz bieten sie, in ihrer starken Pracht.
Unter ihrem Schirm, das Leben keimt,
In ihrem Schatten, wo Frieden träumt.

Die Bananenblätter, Lehrer wahr und alt,
Erzählen leise von der Erde Macht.
Wie sie uns nährt, behütet, uns umfängt,
Das Geheimnis in ihrem Grün, festgehalten mit Bedacht.

Im Schatten des Banyan

Im Schattenreich des Banyan so alt,
Sein Geäst ein Zuhause, Geschichten so mannigfalt.
In seinen Wurzeln, tief verankert im Grund,
Vergangenheit lebt, in jeder Stund'.

Hier, wo die Stille ein eigenes Lied entfacht,
Im Schatten des Banyan, da hält die Zeit die Wacht.
Ein Ort für Seelen, die Ruhe suchen und finden,
Geschützt vom Laub, das Licht zu binden.

Die Vögel singen, in seinen Zweigen versteckt,
Das Leben pulsiert, wo der Banyan seine Arme streckt.
Ein Hafen der Stille, den Lärm verwehrt,
Wo das Flüstern der Blätter wird geehrt.

In der Mittagshitze, unter seinem kühlen Dach,
Hier fühlt sich frei, wer sonst ist schwach.
Der Banyan, Zeuge von Zeit und Raum,
In seinem Schatten, da träumt man noch kaum.

Träume auf Gili Meno

Auf Gili Meno, wo das Wasser klar,
Wo die Zeit stillsteht, Jahr um Jahr.
Die Wellen singen Lieder, so leise, so sacht,
Von Träumen bei Tag und bei Nacht.

Hier, unter Palmen, im weichen Sand,
Entführt von der Stille, in ein Zauberland.
Die Sonne sinkt, färbt den Himmel in Glut,
Und in uns keimt eine unendliche Ruh'.

Sterne am Himmel, so greifbar und nah,
Jedes Funkeln eine Geschichte, die einmal war.
Auf Gili Meno, unter tropischer Zier,
Findet jede Seele wieder zu sich hier.

Die Nächte so still, dass man Flüstern kann hör'n,
Und der Morgen beginnt mit dem Atmen des Meeres.
In diesem Paradies, so fern und so klein,
Dürfen Träume noch Wirklichkeit sein.

Geheimnisse unter dem Blätterdach

Unter dem Blätterdach, tief verborgen,
Lausch ich dem Wind, der flüstert sacht.
Geheimnisse, die der Wald behütet,
Die haben über Nacht mir Träume gebracht.

Zwischen Moos und alten Steinen,
Verborgen liegt ein alter Pfad.
Erzählt Geschichten aus alten Zeiten,
Von Wesen, die einst hier ihre Heimat hatten.

Das Rascheln der Blätter, ein sanftes Singen,
Die Sonnenstrahlen, ein goldenes Band.
Vögel, die in den Wipfeln schwingen,
Malen Zauber ins weitläufige Land.

Im Dunkeln leuchten Glühwürmchen,
Ein Tanz der Lichter, so zart entfacht.
Geheimnisse unter dem Blätterdach,
Sie wachen über den Wald bei Nacht.

Balis unentdeckte Wunder

Balis Küsten, weit und blau,
Verbergen so manches Geheimnis tief.
Unentdeckte Wunder, wahrer Glaub,
Die in der Stille des Ozeans schlief.

Reist man ins Landesinnere hinein,
Findet man Natur, wild und unberührt.
Reisterassen, die im Sonnenlicht scheinen,
Ein Anblick, der das Herz berührt.

Die Tempel, in den Wäldern versteckt,
Erzählen von einer vergangenen Zeit.
Durch Blumen und Räucherstäbchen perfekt,
Ein Ort der Stille, fernab vom Leid.

In den Nächten unter dem Sternenzelt,
Ist die Magie Balis wirklich zu spüren.
Eine Insel, die wie ein Juwel in der Welt,
Dich lädt, ihre Geheimnisse zu erspüren.

Im Schatten des Vulkans

Im Schatten des Vulkans, da ruht die Erde,
Schwarz der Boden, Zeuge der Macht.
Doch das Leben, zart und auch herbe,
Findet Wege, erwacht in voller Pracht.

Dampf steigt auf, die Erde bebt leise,
Ein Zeichen der Kräfte, tief im Kern.
Die Natur, in stetem Reise,
Formt die Landschaft, hält sie fern.

Die Menschen, die am Fuße wohnen,
Erfurchtsvoll und doch voll Mut.
Sie pflanzen ihre Felder, tonen,
In der Hoffnung, der Vulkan bleibt gut.

In der Nacht, wenn die Lava fließt,
Ein Naturschauspiel, schön und wild.
Die Kraft, die tief im Innern sprießt,
Zeigt, dass Leben stets neu verflicht.

Tanz der Geister in der Dämmerung

Wenn der Tag dem Ende entgegen,
Und die Dämmerung den Himmel färbt,
Sind es die Geister, leise, bewegen,
Tanzend in der Luft, ungestört.

Die Schatten, sie längen und strecken,
Im Tanz der Geister in der Dämmerung.
Unsichtbare Fäden, die verstecken,
Geschichten, alt und jung.

Der Wind, er trägt ihre Lieder,
Melodien, so zart und fein.
Sie flüstern von Welten, immer wieder,
Von Orten, die längst vergessen sein.

In dieser Stunde, kurz und blass,
Die Geister tanzen, frei und leicht.
Ein Moment, der flüchtig, wie Glas,
In der ewigen Zeitgeschichte weicht.

Melodien des Gamelan

Unter dem mondhellen Dach der Nacht,
Zwischen Palmen leise erwacht,
Ein Klang, so tief und rein,
Die Melodien des Gamelan, fein.

In der Stille, weit und breit,
Erzählt jeder Ton eine alte Zeit,
Vom Einklang der Natur und des Seins,
In Harmonie verschmelzen die Reih'n.

Mit jedem Schlag, zart und sacht,
Wird eine Welt aus Träumen erwacht,
Wo Geister tanzen im Mondenschein,
Und Sterne lauschen, still und klein.

Die Musik fließt wie ein Fluss,
Erfüllt die Nacht mit süßem Kuss,
Erzählt von Freude, Liebe, Leid,
Ein ewiges Echo in Raum und Zeit.

In den Reisterrassen verschollen

Zwischen Grün, so weit das Auge reicht,
Wo der Himmel die Erde leicht berührt,
Hab' ich mich in den Reisterrassen verirrt,
Wo die Zeit ihre Bedeutung weicht.

Das Wasser, es flüstert alte Lieder,
Von harter Arbeit, Schweiß und Lachen,
Wie Menschen im Einklang Schätze machen,
Der Reis, das Gold, er blüht immer wieder.

Der Wind trägt Melodien über Felder weit,
In diesem Labyrinth aus Grün und Leben,
Wo sich Himmel und Erde kurz begegnen,
Find ich Ruhe, Freiheit, Ewigkeit.

Hier, wo Gedanken klar wie Wasser fließen,
Wo jede Sorge mit dem Strom entweicht,
Fühl' ich, wie mein Herz sich neu verzeiht,
In den Reisterrassen, weit und unverwiesen.

Zwischen Himmel und Meer

Über mir der unendliche Himmel so blau,
Unter mir das Meer, tief und weit,
Ich stehe dazwischen, frei und genau,
Ein Wanderer zwischen Raum und Zeit.

Die Wellen singen mit dem Wind ein Lied,
Von fernen Ländern, Träumen, und der Nacht,
Wo jeder Stern eine Geschichte bietet,
Und der Mond über Hoffnungen wacht.

Mein Herz schlägt im Rhythmus der Gezeiten,
Meine Gedanken so klar wie der Horizont,
In diesem Moment, unendlich weit,
Fühl ich mich dem Universum verbunden, ungewohnt.

Hier, zwischen Himmel und Meer, finde ich Sinn,
In der Unendlichkeit, fühle ich mich klein,
Doch weiß ich, dass ich Teil von allem bin,
Ein ewiger Tänzer, im Sonnenschein.

Der Atem der Götter

In den Wäldern, tief und unberührt,
Wo die Blätter flüstern, alt und weise,
Fühlt man den Atem der Götter, ungestört,
Eine Präsenz, die sanft die Welt umkreise.

Hier, in der Stille, so rein und klar,
Wo der Wind erzählt von vergang'nen Zeiten,
Spürt man eine Kraft, wahr und rar,
Die Essenz des Lebens, in allen Saiten.

Die Vögel singen Lieder von Ehrfurcht und Macht,
In Harmonie mit dem Flüstern der Bäume,
Eine Symphonie der Natur, vollbracht,
In diesem Tempel, erfüllt man seine Träume.

Der Boden, gesättigt mit Lebensessenz,
Die Luft, getränkt mit Weisheit tief,
Hier fühl ich, in voller Präsenz,
Der Götter Atem, der mich umschleift.

Farbenspiel der Sarongs

Die Farben tanzen im Morgenlicht,
so leuchtend, fern von Grau und Sicht.
Sie schmiegen sich an zarte Haut,
als Farbenmeer, das Vertrauen baut.

In Rot und Gelb, in Grün und Blau,
entfalten sie der Insel Schau.
Ein Kunstwerk, zart und doch so kraftvoll,
wie ein Lächeln, friedlich und hoffnungsvoll.

Der Wind trägt sie, so frei und leicht,
die Sarongs, bunt und ungegleicht.
Sie erzählen Geschichten von hier,
von Freude, Liebe, von Tanz und Zier.

Mit jedem Schritt, in jeder Biegung,
zeigt sich neu ihre Prächtigung.
Ein Farbenspiel, so rein und klar,
wie ein Juwel, selten und wunderbar.

Die Sarongs, in ihrer Pracht,
bringen der Seele Frieden in der Nacht.
Ein Farbenrausch in der Natur,
ein Geschenk, so ehrlich und pur.

Leuchtende Stille in den Tempeln

In den Hallen, still und weit,
ruht die Zeit in Ewigkeit.
Säulen tragen das Dach aus Stein,
in ihrem Schutz darf man allein.

Kerzen flackern, geheimnisvoll,
zeichnen Schatten, weich und toll.
Sie flüstern Lieder alter Tage,
von Stille, Weisheit, ohne Frage.

Die Luft, sie trägt ein süßes Aroma,
von Räucherstäbchen, trägt es wohl da.
Ein Duft, der Seele und Geist berührt,
und tief in die Meditation führt.

Füße tasten über kühlen Grund,
in den Tempeln mit heiliger Stund'.
Jeder Schritt, ein Schritt zur Mitte,
zum inneren Frieden, weg von der Bitte.

Die Stille leuchtet in jedem Raum,
ein heiliges Feuer, kein bloßer Traum.
In den Tempeln, weit und breit,
fühlt man die Liebe, die Ewigkeit.

Im Herzen Balis

Wo das Grün in tausend Tönen spricht,
und das Licht durch dichte Blätter bricht.
Da liegt versteckt, doch offen so weit,
das Herz von Bali, in Ruhe und Heiterkeit.

Der Vulkan thront, erhaben und stolz,
über Wälder, so tief, ein grüner Holz.
In seinem Schatten, Leben so bunt,
ein Paradies, gesund und rund.

Die Strände singen im Sonnenklang,
der Ozean antwortet mit leisem Gesang.
Zwischen Palmen und Sand, so fein und weiß,
erwacht der Tag, neu und leise.

Reisterrassen, in Stufen so klar,
zeigen, was hier wichtig war.
Das Wasser fließt, von Feld zu Feld,
ein Bild der Harmonie, in dieser Welt.

Im Herzen Balis, tief und wahr,
spürt man das Leben, wunderbar.
In jedem Lächeln, in Wind und Meer,
liegt die Schönheit Balis, so tief und schwer.

Flüstern der Reisfelder

Im Morgenlicht, so fein und lind,
beginnt das Flüstern, sanft im Wind.
Die Reisfelder in grüner Pracht,
zeigen uns die Erde in ihrer Macht.

Der Tau, er glitzert im ersten Licht,
wie Diamanten, die Gesichter bericht.
Ein Lied der Natur, so rein und echt,
von Arbeit und Leben, fest und gerecht.

Läuft man barfuß durch das kühle Grün,
kann man das Flüstern noch besser spüren.
Die Halme wiegen sich, geben Antwort sacht,
auf Fragen des Lebens, bei Tag und bei Nacht.

Die Sonne steigt höher, die Hitze nimmt zu,
doch unter den Palmen ruht sanft die Ruh'.
Das Flüstern wird leiser, doch es bleibt besteh'n,
als Lied der Hoffnung, in Bali geseh'n.

So stehen sie da, so weit und breit,
die Reisfelder, in ihrer Einfachheit.
Ein Flüstern, das Hoffnung und Frieden lehrt,
ein Gesang der Erde, der das Herz begehrt.

Der Duft von Frangipani

In stiller Nacht, so rein und klar,
Ein Duft schwelgt sanft, ganz wunderbar.
Er füllt die Luft, umhüllt das Land,
Frangipani, zart, am Strand entbrannt.

Von weiten Gärten hergebracht,
Hat er die Stille mild gemacht.
In jedem Blatt, in jeder Blüt',
Ein Lied der Ruhe leise glüht.

Erzählt von Orten, fern und nah,
Wo sanfte Winde weh'n, so wunderbar.
Frangipani, in der Dämmerung erwacht,
Hüllt ein in Träume, sanft und sacht.

Durch Nacht und Tag, in steter Pracht,
Bleibt sein Duft in meiner Macht.
Erinnerungen, so süß und rein,
Frangipani lässt mich nie allein.

Der ewige Tanz

Im Mondschein, so klar und hell,
Da beginnt es, leise, schnell.
Ein Schatten, der sich sanft bewegt,
Der ewige Tanz, der Leben trägt.

Zwischen Sternenlicht und dunkler Nacht,
Voll Anmut, Zauber, voller Pracht.
Die Zeit steht still, und doch im Fluss,
Im Tanz verschwimmt des Tages Gruss.

Mit jedem Schritt, mit jeder Drehung,
Verwebt sich Traum und Wirklichkeit.
In Harmonie, in voller Schönheit,
Ein Tanz, der durch die Zeiten leitet.

Erzählt von Liebe, Leid und Glück,
Von Stürmen wild, von Momenten, stuck.
Im ewigen Tanz, so frei und leicht,
Ist jedes Herz dem anderen gleich.

Götterdämmerung in Tanah Lot

Wo Meere tosen, Felsen trotzen,
Tanah Lot, in Götterdämmerung gehüllt.
Die Sonne sinkt, ihr rotes Licht erglänzt,
Am Horizont, wo Himmel Erde küsst.

Die Wellen brechen, schäumen wild,
An alten Steinen, Zeugen der Geschichte.
Der Tempel steht, erhaben, still,
Ein Wächter in der abendlichen Brise.

Die Götter flüstern in der Dämmerstund',
Ihre Stimmen im Wind, so alt, so jung.
Sie erzählen von Macht, von Liebe, von Ruhm,
Von einem Land, gezeichnet vom Licht des Mondes.

Und noch wenn Sterne den Himmel erhellen,
Versinkt der Tag in Nacht, sanft, unverstellt.
In Tanah Lot, bei Götterdämmerung Statt,
Ruht die Welt, in ewigem Frieden, bedacht.

Das Echo von Uluwatu

Hoch über Wellen, die tosend brechen,
Steht Uluwatu, stolz, auf Felsenwächter.
Das Echo hallt, durch Klippen, weit,
Von einem Ort, der Zeit entgleitet.

Die Sonne neigt sich, taucht ins Meer,
Am Horizont, wo Träume sich verweben.
Die Dämmerung, ein flüsterndes Versprechen,
Das Echo spricht, vom Licht durchwoben.

Das Rauschen des Meeres, die Ruhe des Windes,
Verschmelzen zu einer Melodie.
Uluwatu, in Geschichte gehüllt,
Bewahrt das Echo, zeitlos, tief.

In jeder Woge, in jedem Stein,
Bewohnt das Echo, lebendig, fein.
Uluwatu, am Rande der Welt,
Sein Lied in der Ewigkeit zählt.

Der Schatz unter den Korallen

In der Tiefe, klar und still,
verborgen vor des Menschen Will,
ruht ein Schatz, so reich und fein,
unter den Korallen, im Sonnenschein.

Er erzählt von Schiffen, alt und groß,
von Seefahrern, mutig und famos.
Ihre Geschichten, tief und klar,
verborgen unter Wellen, wunderbar.

In jeder Perle, rund und glatt,
ein Geheimnis, das die Welt umfasst.
Der Ozean hält fest, bewacht,
den Schatz, der leise in ihm lacht.

So mancher Taucher, mutig und kühn,
versucht zu finden, was dort ruht.
Doch der Ozean, so weise und alt,
nur dem Würdigen den Schatz gestatt.

Bis heute liegt er, tief und fern,
unter Korallen, fest im Kern.
Ein Traum von Reichtum, Glanz und Licht,
verborgen im Meer, das Gesicht.

Begegnungen am heiligen Berg

Am Fuße des Berges, alt und weise,
beginnt der Pfad, in allerlei Weise.
Er führt hinauf, durch Nebel und Wind,
zu Orten, wo Begegnungen sind.

Der heilige Berg, so ruhig und stolz,
bewacht die Geschichten, alt und holz.
Hier treffen sich Pilger, Suchende, Gelehrte,
auf der Suche nach Wissen, unbeschwerte.

Der Wind trägt Stimmen der Vergangenheit,
flüstert Geheimnisse, weit und breit.
Begegnungen hier, tief und echt,
geben dem Suchenden, was ihnen recht.

Am Gipfel, so nah dem Himmelszelt,
öffnet sich die Sicht auf eine andere Welt.
Hier, in Stille und in Frieden allein,
verstehen wir das Sein.

So kehren wir zurück, bereichert und neu,
vom heiligen Berg, der uns gab die Scheu.
Die Begegnungen, tief und voller Sinn,
trag' ich im Herzen, still, darin.

Zwischen den Wolken versteckt

Hoch über der Welt, frei und leicht,
zwischen den Wolken, weich und feucht,
ein Land verborgen, nur selten erreicht,
von Träumern ersehnt, von Dichtern besprecht.

Hier tanzen die Sterne, nah und klar,
umgeben von Wolken, so wunderbar.
Ein Ort der Ruhe, der Stille, des Lichts,
in den Wolken verborgen, außer Sicht.

Der Wind singt Lieder, alt und neu,
erzählt Geschichten, von Freude und Reu'.
Zwischen den Wolken, in luftiger Höh',
liegt das Geheimnis, schön und eh'.

Nur wer den Mut hat, zu träumen und fliegen,
kann dieses Wunder, in Wolken, besiegen.
Für den Suchenden, geduldig und wach,
erscheint das Land, in nächtlicher Pracht.

Zwischen den Wolken, ein verborgener Ort,
ein Frieden, so rein, an keinem anderen Ort.
Hier, in der Stille, weit oben, so frei,
findet man Ruhe, ewig und treu.

Das Echo alter Zeremonien

In den Hallen, tief und weit,
wo das Echo hallt, aus alter Zeit.
Hier wurden Zeremonien vollbracht,
in Ehrfurcht und Stille, bei Tag und Nacht.

Die Wände erzählen von Ritualen,
von Feiern, Opfern, in alten Annalen.
Ein Echo der Vergangenheit, so klar und leise,
es durchdringt die Stille, auf seine Weise.

Kerzenlicht schimmert, flackert und weicht,
Erinnerungen an Zeremonien, so reich.
Das Echo, es ruft, durch Hallen und Stein,
lässt uns spüren, wir sind nicht allein.

Die Ahnen, sie wachen, still und bedacht,
ihrer Stimmen Echo, durch die Nacht.
In jeder Zeremonie, die hier beginnt,
ein Teil der Vergangenheit, der uns verbind't.

So leben die Rituale, alt und ehrwürdig,
in unseren Herzen, kraftvoll und würdig.
Das Echo alter Zeremonien, nie verloren,
in uns klingt es, neu geboren.

Der Pfad der Devdan

Im Schatten alter Eichen, so kühn,
Ein Pfad sich windet, im Mondenschein.
Wo Devdan einst ging, bei Sternenschein,
Da flüstert die Nacht ihm Geheimnisse zu.

Ein Schritt nach dem anderen, leise und sacht,
Durch das Dickicht, das über alte Geheimnisse wacht.
Hier, wo die Zeit sich langsam verliert,
Spürt man die Magie, die den Pfad ziert.

Unter dem Laub, so frisch und so rein,
Verborgene Träume, sie tanzen allein.
Der Pfad führt weiter, durch Nebel so dicht,
Zu Orten, von denen man nur in Legenden spricht.

Hier im Dunkel, wo Schatten regieren,
Kann man das Flüstern der Ahnen spüren.
Der Pfad der Devdan, ewig und alt,
Bewahrt die Geschichten, unermüdlich, kalt.

Stille Gespräche mit den Göttern

Auf dem Gipfel, wo der Himmel die Erde berührt,
Stehen die Alten, ihre Stimmen so zart.
Flüstern mit Göttern, in der kühlen Nacht,
Wo das Echo des Windes ihr Gebet bewacht.

In der Stille, unter Sternen so klar,
Findet die Seele endlich, was sie immer war.
Gespräche mit Göttern, leise und weise,
Tragen die Hoffnung, auf so alte Weise.

Jedes Wort, ein Hauch, so rein,
Verschmilzt mit dem Universum, lässt einsam sein.
Die Götter hören, sie antworten leis',
In der Stille der Nacht, auf ihre eigene Weis'.

Der Mensch, so klein, doch voller Mut,
Sucht nach Antworten, in sich selbst ruht.
Stille Gespräche mit den Göttern, so alt,
Erzählen Geschichten, leise, kalt.

Verzauberte Wasserfälle

Wo das Wasser tanzt, in Strahlen so hell,
Lieg'n verzauberte Wasserfälle, so schnell.
Sie singen von Freiheit, in der Morgenröte Glanz,
Ein Lied der Natur, voller Farben, im Tanz.

Sprühend von Leben, so klar und so rein,
Fällt jeder Tropfen, im Sonnenlichtschein.
Ein Regenbogen bildet sich, so zart und so fein,
Umringt von Geheimnissen, in diesem heil'gen Hain.

In der Tiefe des Waldes, verborgen und wild,
Erzählen die Wasserfälle Geschichten, so mild.
Von Zeiten vergangen, und Träumen so groß,
Fließt das Wasser stetig, in ewigem Los.

Jeder Spritzer, ein Funken der Magie,
Erweckt die Seele, macht das Herz frei.
Verzauberte Wasserfälle, in ewiger Pracht,
Bewahren die Magie, bei Tag und bei Nacht.

Nacht über Canggu

In Canggu, wo die Palmen zum Himmel greifen,
Die Nacht beginnt, leise zu schleichen.
Sterne glitzern, in der Ferne so klar,
Ein Meer aus Dunkelheit, wunderbar.

Die Wellen erzählen, im sanften Ton,
Von Geheimnissen, unter dem Mondsohn.
Die Brise trägt, so weich und warm,
Geschichten der Nacht, voller Charm.

In den Gassen, Lichter, die flackern so sacht,
Erzählen von Leben, in der Bali-Nacht.
Musik und Lachen, in der Luft so rein,
Versprechen Abenteuer, im Mondschein.

Nacht über Canggu, so friedlich, so still,
Wo der Geist zur Ruhe kommen will.
Die Sterne leuchten, so hell, so klar,
In Canggu, unter der Nacht, so wunderbar.

Geheimnisse des schwarzen Sandes

Am Strand, wo der schwarze Sand unter Füßen knirscht,
Geheimnisse verborgen, die die Zeit nicht verwischt.
Jedes Korn erzählt eine Geschichte so alt,
Von Piraten, von Schätzen, in der Dunkelheit kalt.

Mondlicht tanzt über Wellen, bricht die Nacht entzwei,
Schimmert auf dem Sande, wo der Schatten noch frei.
Flüsternde Winde, die durch Palmen weh'n,
Erzählen von Zeiten, die niemals vergeh'n.

Dort, wo das Wasser den Sand sanft berührt,
Hat manch Abenteurer sein Schicksal gespürt.
Entdeckungen tief, verborgen, versteckt,
Wo der schwarze Sand Geheimnisse verdeckt.

Folge den Spuren im Mondenschein klar,
Zu den Schätzen verborgen, wunderbar.
Geheimnisse des schwarzen Sandes, so sacht,
Warten darauf, eines Nachts entfacht.

Echo des Vulkanes

Tief in der Erde, verborgene Glut,
Kein Atem entweicht, in schweigender Wut.
Doch wenn sie erwacht, mit donnernder Macht,
Ist das Echo des Vulkanes, in der Nacht erwacht.

Von Asche bedeckt, die Landschaft so leer,
Das Echo verhallt, doch es sehnt sich nach mehr.
Die Natur erzittert, gibt dem Druck nach,
In der Stille des Ausbruchs, liegt verborgene Pracht.

Bäume neigen sich, dem Boden so nah,
Tiere fliehen, in panischer Schmach.
Doch nach dem Zorn, die Erde neu geboren,
Im Echo des Vulkanes, Hoffnung geschworen.

Die Lava erkaltet, erstarrt zu Stein,
Neues Leben sprießt, im roten Schein.
Das Echo verblasst, doch die Erinnerung bleibt,
An die Kraft, die tief in der Erde treibt.

Magie der Tempel

Zwischen Himmeln und Erden, die Tempel so alt,
Bewahren Geheimnisse, in Steinen so kalt.
Die Sonne erhebt sich, wirft goldenes Licht,
Enthüllt die Magie, die in den Mauern spricht.

Pilger wandern, auf heiligen Pfad,
Suchen Antworten, die die Seele nie hat.
In den Flüstern der Blätter, der Wind sanft weht,
Die Magie der Tempel, leise versteht.

Wasserfälle singen, in Ehrfurcht so klar,
Der Fluss der Zeit, unsichtbar und wahr.
Steine erzählen, von Zeiten so fern,
In der Magie der Tempel, fühlt man sich Stern.

Kerzen flackern, in der Dämmerung sacht,
Gebete steigen auf, in der heiligen Nacht.
Geister der Ahnen, in den Schatten umher,
Die Magie der Tempel, macht niemanden leer.

Die Weisheit von Besakih

Am Fuße des Berges, in Wolken gehüllt,
Die Weisheit von Besakih, still und unverwüstet.
Jahrhunderte alt, Zeuge der Zeit,
Hält sie das Wissen, in Ehrfurcht bereit.

Pilger steigen, die Stufen so steil,
Suchen Erleuchtung, ihr tiefstes Teil.
Die Tempelmauern, so fest und stark,
Bewahren das Heilige, vor dem Dunkel so mark.

Räucherschwaden ziehen, durch die Luft so klar,
Gebete klingen, nah und wunderbar.
Die Weisheit von Besakih, leise und weise,
Bietet Trost und Leitung, auf der Lebensreise.

In den Wolken verloren, die Sonne bricht durch,
Erleuchtet das Tal, mit einem goldenen Strich.
Die Weisheit lebt weiter, in Stein und in Wort,
Lehrt uns Stille, an diesem heiligen Ort.

Stille in Lovina

Am Ufer von Lovina, so sanft und weit,
Die Stille umfängt uns, nimmt uns die Eile.
Wellen plätschern, in ruhiger Zeit,
Die Seele findet hier, ihre heilige Weile.

Die Dämmerung naht, der Himmel in Glut,
Fischerboote ziehen hinaus, in ruhiger Mut.
Sterne leuchten, auf das Meer so klar,
In Lovina's Stille, wird das Herz uns wahr.

Delfine springen, im Morgengrauen,
Ein Anblick so rein, den wir vertrauensvoll bauen.
Das Meer erzählt, in seinem ewigen Lied,
Von Geheimnissen, die es in Lovina sieht.

Die Sonne sinkt, das Meer in Gold,
Jeder Atemzug hier, frei von Sorgen und Zoll.
In der Stille von Lovina, finden wir Ruh',
Die Seele atmet auf, in Frieden dazu.

Rhythmen des Lebens

In jedem Herzschlag, Leben flüstert leis,
Ein ewiges Lied, in Zeit gemalt.
Jeder Atemzug, erzählt von Reise,
Von Sehnsucht, Freude, Trauer, kalt.

Die Sonne steigt, sinkt in des Tages Kreisen,
Ihre Strahlen tanzen, in Farben pracht.
Die Sterne funkeln, in endlosen Reisen,
Ein Universum, in Nacht erwacht.

In jedem Schritt, der Erde Lied erklingt,
Ein Fluss, der zum Ozean trägt, singt.
Die Berge stehen, zeugen von Macht,
In ihrem Schweigen, die Ewigkeit lacht.

Blumen blüh'n, in Farben laut,
Erzählen Geschichten, von Liebe gebaut.
Der Wind, der durch die Bäume weht,
Ist wie ein Lied, das niemals vergeht.

So singen wir, in Rhythmen verwebt,
Ein Lied des Lebens, das ewig lebt.
Durch Sturm und Stille, Licht und Nacht,
Die Melodie des Daseins, zart bedacht.

Das Flüstern der Mango Bäume

Unter dem Schirm der Mango Bäume, versteckt,
Ein sanfter Hauch, durch Blätter weht,
Erzählt Geschichten, alt und echt,
Von Erde, Wind, die nie vergeht.

Sie flüstern leise, bei Tag und Nacht,
Von Regen, der kühlt, und Sonne, die lacht.
Ein Lied von Wurzeln, tief und stark,
Ein Band, das hält, durch Zeiten, stark.

Ihre Früchte, süß, von Sonne geküsst,
Ein Geschenk der Erde, in Hülle gehüllt.
Ein Symbol des Lebens, reich und voll,
Eine Geschichte von Wachstum, niemals hohl.

Die Blätter rascheln, ein steter Tanz,
Im Einklang mit der Natur, ein lebend'ger Glanz.
Sie wiegen sich, in des Windes Melodie,
Ein Tanz der Stille, voller Poesie.

So steht der Baum, stark und weise,
Ein Zeuge der Zeit, in seiner eigenen Reise.
Das Flüstern der Mango Bäume, tief und klar,
Ein Lied des Lebens, wunderbar.

Spiegel des Himmels in den Seen

Im ruhigen Wasser, der See so klar,
Ein Spiegel des Himmels, unendlich und wahr.
Die Berge sich neigen, in Ehrfurcht klein,
Ihr Abbild im Wasser, so flüchtig und rein.

Die Wolken, sie ziehen, in sanftem Blau,
Malen Geschichten, in silbernem Tau.
Der Himmel, so weit, grenzenlos und frei,
Im See, sein Gesicht, zeigt er leise dabei.

Die Stille des Wassers, tief und groß,
Birgt Geheimnisse, in seinem Schoß.
Ein Lied der Ruhe, in Wellen gesungen,
Vom Wind, den Bäumen, zart umschlungen.

Die Sonne sinkt, in Farben so mild,
Die Seele des Sees, sanft und wild.
Ein letzter Strahl, im Wasser verfängt,
Ein Tag, in Schönheit, leis vollendet.

So spiegelt der See, den Himmel so weit,
Ein Fenster zur Seele, in Zeit und Ewigkeit.
Ein Bild des Friedens, in Wasser geschrieben,
Ein Ort des Träumens, sanft geblieben.

Der Tanz des Feuers

Um das Feuer, ein Tanz entflammt,
Lebendig, wild, von Lust umrammt.
Die Flammen lecken, hoch und heiß,
Ein Spiel des Lebens, ewig, kreis.

Die Funken steigen, in die Nacht,
Ein Himmel voller Sterne, erwacht.
Die Wärme umschließt, ein zärtlicher Mantel,
Ein Licht in der Dunkelheit, fliehender Vandal.

Im Knistern des Holzes, eine Melodie,
Von Freiheit erzählt, und ewiger Harmonie.
Das Feuer tanzt, in seinem eigenen Beat,
Eine Symphonie der Elemente, die nie vergeht.

Die Schatten tanzen, an der Wand entlang,
Im Rhythmus des Feuers, ein leiser Gesang.
Ein Echo der Flamme, in jedem Herz,
Ein Tanz des Lebens, Freude und Schmerz.

So brennt das Feuer, wild und frei,
Ein Zeichen des Lebens, unendlich dabei.
In seinem Tanz, eine ewige Glut,
Ein Symbol der Hoffnung, und ewigen Mut.

Verzauberte Sonnenuntergänge

Über die Hügel, weit, ein roter Schein,
Glutball versinkt, es flüstert der Wald leise.
Jedes Herz wird leicht, jedes Auge rein,
Wenn der Himmel malt mit seiner weisen Weise.

Wellen tanzen im abendlichen Licht,
Goldene Strahlen küssen das Meer.
Ein Gedicht entsteht, doch fassen kann es nicht,
Wer nicht spürt, was der Abend begehrt.

Sterne blinzeln durch den lila Schleier,
Sanft wiegt der Wind die Erde in den Schlaf.
Verzaubert folgt der Nacht ihr feuriger Feier,
Ein Traum beginnt leise, ohne einen Knall.

Im Westen sinkt nun der Tag in die Nacht,
Verlassen sind die Sorgen, fern und sacht.
Gefangen in der Stille, der Sonnenuntergang vollbracht,
Bringt Frieden uns und hält über uns die Wacht.

Der verborgene Glanz der Dorftempel

Zwischen grünen Feldern versteckt,
Steht ein Tempel, alt und weise.
Seine Ruhe weitum unentdeckt,
Ein Ort des Friedens, sanft und leise.

Mauern erzählen Geschichten alter Tage,
Von Göttern gesprochen, in Stein gemeißelt.
Hier findet die Seele ihre wahre Plage,
In Gebeten, die ins Universum gereist sind.

Pilger kommen, ziehen ihre Schuhe aus,
Schreiten barfuß über kalten Stein.
Suchen Heilung, einen Weg nach Haus',
Im verborgenen Glanz, allein.

Kerzen flackern in stillen Nischen,
Gebete steigen auf, in Rauch geschrieben.
Die Götter mögen wohl genießen,
Das stille Hoffen, tief geblieben.

Im Schatten alter Bäume findet man Ruh',
Der Dorftempel wacht, Jahr um Jahr.
Sein Glanz, verborgen, doch immerzu,
Ein Leuchten, das in Herzen wahr.

Träume gefangen in Opfergaben

Im Zwielicht der Morgendämmerung,
Träume gewoben in Seide fein.
Opfergaben, in Hoffnung getränkt,
Verborgen das Leid, die Sehnsucht, der Schein.

Kerzen beleuchten den Weg zum Altar,
Ihre Flammen wie Träume, flüchtig und klar.
Jedes Stück Brot, jede Frucht, jedes Korn,
In ihnen ein Traum, aus dem Leben gebor'n.

Die Götter blicken aus fernen Höhen,
Auf die Gaben, die Menschen ihnen weihen.
Jedes Opfer, ein Versprechen, ein Flehen,
Möge Traum in Segen sich verzeihen.

Stille umfängt den heiligen Ort,
Wo Hoffnung und Träume finden ihr Wort.
In der Andacht, in stiller Gebärde,
Verbindet sich Himmel und Erde.

So stehen sie da, in der Morgenkühle,
Menschen, gebeugt, mit wachem Gefühle.
Träume gefangen in den Gaben so klein,
Mögen sie segnen, befreien, sein.

Die Stille des Mondlichts auf Reisfeldern

In der Nacht, unter silbernem Schein,
Liegen die Felder in Ruhe, ganz rein.
Mondlicht streichelt die Halme so zart,
Zeichnet Schatten, gefühlvoll und smart.

Ein Flüstern im Wind, das Felder durchzieht,
Trägt Geschichten von Tagen, die niemand sieht.
Es tanzen die Halme im Mondenschein,
In der Stille, im Licht, ganz allein.

Käfer summen, ein zartes Konzert,
In der Welt der Reisfelder, unbeschwert.
Mondlicht spielt auf dem Wasser, in Bächen,
In dieser Stille, können Herzen sprechen.

Frohlockend die Nacht, in ihrem Gewand,
Hält über die Felder die schützende Hand.
Unter dem Mond, in der stillen Pracht,
Wächst der Reis, über Tag und über Nacht.

So segnet das Licht, die Dunkelheit mild,
Die Stille des Mondes, die die Felder füllt.
Ein Bild so friedlich, ein Anblick so rein,
In der Stille des Mondlichts, daheim.

Rituale im Sand

Im Wüstenland, unter sengender Sonne,
Wo der Sand die Zeit versteckt,
Vollführen Schatten ihre Zeremonie,
Entfalten Geheimnisse, ewig und echt.

Tanzende Körner in des Windes Hand,
Muster weben in der Unendlichkeit.
Alte Geschichten, im Sand verbannt,
Flüstern von Macht und Vergänglichkeit.

Jeder Schritt, in Stille gemeißelt,
Erzählt von Vergangenem, tief und verwurzelt.
Im Sand verborgen, ein ewiger Bund,
Rituale schweigen, in jeder Stund'.

Die Sonne neigt sich, schenkt rotes Licht,
Ehrfurcht gebietend, das Antlitz erlischt.
In der Kühle der Nacht, der Sand noch spricht,
Von alten Ritualen, in Sternenlicht getaucht.

Die lebenden Brücken der Natur

Im Dschungel versteckt, wo das Grün ewig träumt,
Eine Brücke lebt, in Zeit gewebt.
Von Menschenhand und Natur vereint,
Wo das Moos sich sanft, um Wurzeln säumt.

Jahre vergehen, doch die Brücke, sie bleibt,
Stärker mit jedem Regen, der sie tränkt.
Verbunden in Einheit, Natur und Zeit,
Ein Pfad, der durch das Herzen der Erde lenkt.

Flüstern der Blätter, ein stetiges Lied,
Trägt Geschichten von denen, die einst schritten.
Über diese Brücken, in Vertrauen und Biet,
Mit der Erde, deren Schönheit sie mitten.

Das Wasser darunter, in leisem Gesang,
Erzählt von der Stärke, die in Ruhe wohnt.
Die lebenden Brücken, in Harmonie lang,
Ein Denkmal der Natur, das die Zeit belohnt.

Pfade, umgeben von Grün

Wo das Grün die Pfade küsst,
In Stille wandeln, Schritt für Schritt.
Ein Ort, wo Frieden Halt gebietet,
Die Natur die Seele sanft umschließt.

Durch Wälder tief, so alt und weise,
Jeder Baum, ein stummer Zeuge,
Erzählt Geschichten, leise, leise,
Von Erde, Luft und Wasserreiche.

Gedanken frei, der Atem leicht,
Der Wald begrüßt mit offnen Armen.
Pfade, von der Zeit bezeugt,
In ihrem Schoß, lädt ein zum Warmen.

Das Moos, ein Teppich, weich und dicht,
Die Luft, erfüllt von reinem Duften.
In diesem Grün, im sanften Licht,
Kann man die Ewigkeit erschnuffen.

Vögel singen, die Melodie,
Von Freiheit und von Leben.
Auf diesen Pfaden, still und nie,
Wird die Natur ihre Geschichten weben.

Der Fluch der alten Könige

In der Tiefe der Vergangenheit,
Lag ein Königreich, in Schatten gehüllt.
Wo der Flüsterwind durch Hallen treibt,
Ein Fluch, von Gier und Macht erfüllt.

Die Könige alt, in Gier verloren,
Ihre Seelen, an den Thron gebunden.
In ihren Hallen, kalt und erfroren,
Echo ihrer Taten, in den Grund geschunden.

Doch die Zeit lässt keinen unberührt,
Verändert Landschaft, Menschen, Sitten.
Der Fluch, der tief im Herzen kührt,
Von neuen Königen, längst zerschlitten.

In Ruinen spricht die Ehrlichkeit,
Von Macht, die in der Stille weint.
Alte Könige, in Vergessenheit,
Ihr Fluch, vom Wind verweint.

Nur die Legenden, noch im Umlauf,
Erzählen von der Dunkelheit.
Der Fluch der alten Könige, tief im Lauf,
Eine Warnung an die Eitelkeit.

Tanz der Götter

Im Dämmerlicht beginnt der Tanz,
Sanfte Bewegungen, ein verzauberter Glanz.
Götter steigen herab in prächtiger Pracht,
In der Stille der Nacht wird die Legende entfacht.

Sie wirbeln und drehen in himmlischer Manier,
Jeder Schritt eine Geschichte, voller Mystik und Zier.
Das Echo des Tanzes in der Luft so klar,
Eine Harmonie so süß, so wunderbar.

In ihren Augen das Leuchten der Sterne,
Ihre Gesten so elegant, so gerne.
Sie berühren die Erde, doch gehören dem Himmel,
Ihr Tanz ein ewiges, göttliches Rätsel.

Mit der Morgendämmerung verblasst ihre Spur,
Doch in unseren Träumen leben sie pur.
Der Tanz der Götter, in der Nacht so lebendig,
Ein Spektakel so magisch, so unendlich.

Geheimnisse unter Palmen

Unter dem Dach der grünen Palmen,
Verbergen sich Geschichten, weit und selten.
Geheimnisse flüstern in der warmen Brise,
Erzählungen von Liebe, Leid und Krisen.

Das Rauschen der Blätter, ein sanftes Wort,
Trägt alte Legenden von Ort zu Ort.
Mysterien verborgen unter der Sonnen Glut,
Geschichten gewoben mit Mut.

Die Schatten der Palmen, lang und weit,
Bewahren die Rätsel der Vergangenheit.
In ihrem Schutz, so still und sacht,
Hält die Nacht die Geheimnisse in Acht.

Mit jedem Windhauch, leise und fein,
Flüstern die Palmen: "Du bist nicht allein."
Unter ihnen zu wandeln, ein süßes Entzücken,
Geheimnisse unter Palmen können niemals zerstücken.

Sonnenaufgang am Mount Agung

Am Fuße des Mount Agung, in stiller Pracht,
Erwacht die Welt mit neuer Kraft.
Die ersten Strahlen, sanft und klar,
Bescheinen die Gipfel, so wunderbar.

Der Himmel färbt sich in Orange und Rot,
Ein neuer Tag bricht an, lebendig, groß.
Die Natur erwacht, in voller Blüte steht,
Am Mount Agung der Sonnenaufgang weht.

Die Vögel singen, die Blumen duften,
Die Welt erwacht, frische Luft zu schlürfen.
Ein Moment der Ruhe, so rein und echt,
Am Mount Agung der Tag neu entfacht.

Die Sonne steigt höher, der Nebel verzieht,
Die Schönheit der Erde, die niemals entflieht.
Am Mount Agung, in seiner majestätischen Ruh',
Beginnt der Tag, so frisch, so neu.

Das Lächeln Ubuds

In Ubuds Gassen, so lebendig und fein,
Findet man ein Lächeln, so warm und rein.
Es grüßt die Fremden und die Freunde gleich,
Ein Ausdruck von Liebe, so weich.

Die Märkte voller Farben und Duft,
In der Luft liegt eine magische Zunft.
Das Lächeln Ubuds, so hell und klar,
Begrüßt den Tag, wunderbar.

In Tempeln und Gärten, versteckt und klein,
Kann man das wahre Ubud erahnen, fein.
Das Lächeln, es führt durch den Tag,
Ein Licht, das in jedem Herzen mag.

Die Reisfelder im Sonnenlicht glänzen,
Lassen die Seelen der Besucher tanzen.
Ubuds Lächeln, so tief und weit,
Ein Spiegel der Seele, bereit.

Am Abend dann, wenn der Tag sich neigt,
Das Lächeln Ubuds sanft verweilt.
In den Herzen der Menschen, so fest,
Ein Symbol für Frieden, für das Fest.

Durch den Nebel des Morgens

Durch den Nebel des Morgens, still und schwer,
Ein Schleier liegt sanft auf der Seen.
Erst zaghaft, doch immer mehr und mehr
Lüftet der Wind das Geheimnis, so schön.

Mit jedem Schritt, den ich wage,
Wird klarer der Weg und das Ziel.
Was eben noch war wie eine Sage,
Wird Wirklichkeit, fühlt sich so real.

Die Sonne bricht durch, ein Strahl so rein,
Berührt das Land und auch mein Gesicht.
Durch den Nebel des Morgens, ich bin nicht allein,
Umgeben von Licht, das Dunkle weicht.

Vögel singen, der Tag erwacht,
Eine Melodie so zart und voll Leben.
Durch den Nebel des Morgens, hab' ich gedacht,
Kann die Schönheit der Welt sich erheben.

Mit jedem Tropfen, der fällt und fließt,
Erneuert sich die Erde, beginnt ein Traum.
Durch den Nebel des Morgens, der mich grüßt,
Entdeck' ich das Leben, in jedem Baum.

Geheimnisse der balinesischen Nächte

Unter dem Funkeln der sterneklaren Nacht,
Verborgen halten sie, die Geheimnisse so sacht.
Balinesische Nächte, voll Zauber und Mystik,
Erzählen Geschichten, alt und auch klassik.

Das Rauschen der Blätter, ein sanfter Gesang,
Begleitet von Düften, süß und auch bang.
Schattenspiele im Mondlicht, flüstern von Magie,
Alte Kulturen, Traditionen, zeigen sich hier, nie sie fliehn.

Tempel, die in der Dunkelheit glänzen,
Erzählen von Göttern und ihren Tänzen.
Sterne leuchten über dem Meer,
Geheimnisse der Nacht, ich will noch mehr.

Die Wellen, sie tanzen im Mondenschein,
Flüsternd tragen sie die Geheimnisse heim.
Balinesische Nächte, ich lausche deinem Ruf,
Deine Magie, deine Mystik, heben mich hinauf.

Leise Schritte auf uraltem Stein,
Die Nacht verbirgt, was tagsüber scheint.
Geheimnisse der Nächte, in dir find' ich Ruh',
Balinesisch, magisch, bringen mich dazu.

Das Lächeln der Götter

Am Horizont, wo Himmel und Erde sich finden,
Da lächeln die Götter, so sanft und auch lind.
In Momenten der Stille, in der Natur so rein,
Kann man ihr Lächeln, kann man es sein.

Durch das Rascheln der Blätter, im Wind so leicht,
Wird ihre Botschaft, wird sie erreicht.
Ein Lächeln, das Wärme und Hoffnung verspricht,
Es erhellt unsere Seelen, gibt uns neues Licht.

Die Blumen, die neigen sich dem Licht entgegen,
Als wollten sie danken für den Segen.
Das Lächeln der Götter, in jeder Blüte,
In jedem Moment, eine stille Güte.

In den Wellen des Meeres, im Rauschen des Bachs,
Da findet man es, nachts und tags.
Das Lächeln der Götter, es trägt dich weit,
Über die Grenzen der Zeit, in die Ewigkeit.

Und so, in der Stille des kommenden Morgens,
Findet man Frieden, und die Sorgen, sie lindern.
Das Lächeln der Götter, ein Geschenk so klar,
Es begleitet uns stets, Jahr für Jahr.

Unter dem Sternenzelt von Bali

Unter dem Sternenzelt von Bali, so weit,
Breitet sich aus die Nacht, in ihrer vollen Pracht.
Mit jedem Stern, der leise erstrahlt,
Wird ein Lied der Ewigkeit neu erzählt.

Das Meer singt dazu seine alten Weisen,
Wellen tanzen, in ihren kreisenden Reisen.
Unter dem Sternenzelt, fühlt man die Macht,
Balis Schönheit in der Nacht.

Tempel stehen stolz und erhaben da,
In ihrem Glanz, unter den Sternen so klar.
Geschichten flüstern durch die Luft,
Tragen Mystik, haben ihre eigene Duft.

Die Luft ist erfüllt von süßen Klängen,
Balinesische Musik, sie mag das Herz engen.
Unter dem Sternenzelt, in dieser Nacht,
Hat die Insel mit mir etwas gemacht.

Und so steh' ich hier, schau nach oben, seh'
Das Universum, es dreht sich, es steht nie still, eh'
Unter dem Sternenzelt von Bali, allein und frei,
Fühl' ich die Magie, sie wird stets Teil von mir sein.

Nachtschwärmer auf Nusa Penida

Unter dem Mond, im Schatten der Palmen,
So beginnt die Nacht auf Nusa Penida.
Sterne funkeln, Geheimnisse in der Dunkelheit,
Nachtschwärmer flüstern, verloren in der Weite.

Das Meeresrauschen, ein stetes Wiegenlied,
Wellen tanzen, von Mondlicht beleitet.
Auf sandigen Pfaden, wild und frei,
Wandern Seelen, im Einklang, Seite an Seite.

Fledermäuse, sie schwingen durch die Luft,
In der Dunkelheit, ihre Schatten wie Geister.
Ruhe und Abenteuer, vereint in der Nacht,
Nusa Penida, ein Traum, so heiter.

Unter Sternen, die Geschichten erzählen,
Von Piraten, von Schätzen, tief im Meer.
Die Nacht, ein unendliches Blau,
Nachtschwärmer finden Frieden, immer mehr.

Geistergeschichten aus Lempuyang

Am Fuße des heiligen Lempuyang,
Wo der Nebel die Tempeltore küsst.
Geister flüstern in der Stille,
Alte Geschichten, die man nicht vergisst.

Pilger steigen die Stufen hinauf,
In den Himmel, so scheint es, Schritt für Schritt.
Jeder Atemzug, eine Sage,
Von Göttern, die hier wandeln, unendlich in ihrem Schritt.

Die Sonne taucht den Tempel in Glut,
Doch im Schatten lauern Geschichten, alt und gut.
Geister des Waldes, Zeugen der Zeit,
Erzählen von Macht, Liebe und Ewigkeit.

In der Dämmerung, wenn die Sonne sinkt,
Und die Farben des Himmels in Dunkel verschmelzen.
Flüstert der Wind die Geheimnisse Lempuyangs,
Von Geistern, die in seiner Schönheit schwelgen.

Der Mond steigt hoch über die Tempeltore,
In der Nacht, da leuchten sie heller denn je.
Geistergeschichten, im Echo der Steine,
Lempuyang träumt, in ewiger See.

Wolken über dem Campuhan

Über den Hügeln von Campuhan,
Wolken ziehen, leise, sanft dahin.
Grüne Täler, tief und weit,
Unter dem Himmel, in vollkommener Einigkeit.

Die Sonne bricht durch, ein goldenes Band,
Zauber webt über das Land.
Reisfelder glänzen, ein Smaragd so klar,
Ein Bild der Ruhe, so wunderbar.

Wanderer, die den Pfad entlanggehen,
Spüren die Stille, zwischen Himmel und Seen.
Wolken malen Geschichten, von alt und neu,
Über Campuhan, in jeder Morgentau.

Am Abend, wenn das Licht sanft entweicht,
Und die Dämmerung den Himmel erreicht.
Glühen Wolken in purpurnem Schein,
Versprechen von Frieden, tief und rein.

Im Flussbett singt leise das Wasser,
Trägt die Träume, weiter und nasser.
Unter Wolken über dem Campuhan,
Findet die Seele ihren Frieden, dann.

Sonnenuntergang in Seminyak

In Seminyak, am goldenen Strand,
Da greift der Abend sanft nach dem Land.
Die Sonne sinkt, in Flammen gehüllt,
Ein Schauspiel, das Herz und Seele erfüllt.

Meeresrauschen, ein ständiger Begleiter,
Wellen tanzen, fröhlich und heiter.
Der Sand unter Füßen, weich und warm,
Zeichnet Erinnerungen, liebevoll und arm.

Surfer silhouettieren gegen das Licht,
Im letzten Strahlen, das Gesicht ihm bricht.
Freiheit spüren, in jeder Welle,
Ein Gefühl, so süß, wie die Abendgeselle.

Palmen wiegen sich im Abendhauch,
Flüstern Geschichten, in ihrem Brauch.
In Seminyak, an diesem besonderen Ort,
Verschmelzen Himmel und Meer, Wort für Wort.

Und wenn die Nacht dann langsam naht,
Sterne leuchten, in der Stadt.
Hält Seminyak in seinem Bann,
Jeden, der sehen und fühlen kann.

Feuer der Zeremonien

Im Herzen der Nacht, so klar und so weit,
Entzündet das Feuer, in heiliger Zeit.
Es tanzen die Flammen, in rot und in gold,
Erzählen Geschichten, uralte, so alt.

Durch Rituale, gebunden und stark,
Das Feuer erleuchtet, durchbricht die Dunkelheit zart.
Sein Knistern erzählt, von Zeiten so fern,
Von Hoffnung und Sehnsucht, es leuchtet uns gern.

Die Glut in der Mitte, sie wärmt uns die Seel',
Vergessen die Kälte, die einst uns befahl.
Das Feuer der Zeremonien, es brennt so klar,
Ein Leuchten in der Nacht, wunderbar wahr.

Umringt von den Menschen, die singen und lachen,
Das Feuer, es schenkt uns neue Kräfte, zu wachen.
In den Flammen, so wild, sehen wir unser Gesicht,
Im Feuer der Zeremonien, findet man Licht.

So brennt es weiter, durch die ganze Nacht,
Gibt uns Hoffnung und Mut, hat uns zusammengebracht.
Das Feuer der Zeremonien, so mächtig und rein,
Es lehrt uns zu leben, im Einklang zu sein.

Bambusflöten im Wind

Zwischen Bäumen, so hoch, in den Lüften so lind,
Klingt zart die Musik, Bambusflöten im Wind.
Sie flüstern Geschichten, von Frieden und Spiel,
In ihren Melodien, verborgen so viel.

Die Blätter sie rascheln, im Takt so fein,
Die Flöten, sie singen, brechen Sonnenstrahl ein.
Mit jedem Hauch, mit jedem Ton,
Nehmen sie uns mit, zu einem fernen Horizont.

Im Grün des Bambus, versteckt und sacht,
Die Flöten, sie weben, eine Magie in der Nacht.
Sie erzählen von Liebe, von Leid und Glück,
In ihren Klängen, kehrt Frieden zurück.

Die Natur lauscht still, der Harmonie,
Die Flöten, sie spielen, eine Symphonie.
Im Einklang mit dem Wind, so frei und so leicht,
Ihre Musik, ein Geschenk, das Herzen erreicht.

So spielen sie weiter, nicht enden wollend,
Ihre Melodien, durch die Zeiten tollend.
Bambusflöten im Wind, so zart, so rein,
In ihren Klängen, lässt sich träumen Fein.

Die Farbenfrohen Märkte

In den Gassen, so lebendig, bunt und laut,
Wo der Markt sein Farbenspiel vertraut.
Gewürze, Stoffe, in Rot, Gelb und Blau,
Erzählen Geschichten, alter und neuer Bau.

Die Händler rufen, mit stolzer Brust,
Ihre Waren glänzen, in der Sonne Lust.
Ein Mosaik aus Farben, Düften, so satt,
Ein lebendes Bild, in der Stadtmitte Schatz.

Hier treffen sich Wege, Kulturen, Geschmack,
Jeder Schritt erzählt, von Handwerk, von Pack.
Die Früchte so süß, das Gemüse so frisch,
Die Farben des Marktes, ein wunderlicher Tisch.

Die Stimmen sie mischen, in einem Lied,
Das von Leben und Träumen, in Farben zieht.
Ein Farbenmeer, in Bewegung, in Fluss,
Die Märkte so bunt, ein ewiger Genuss.

So lebt der Markt, Tag ein, Tag aus,
Ein Treiben so reich, voll Farben, voll Laut.
Die Märkte, sie lehren, zu sehen, zu spüren,
In ihren Farben, kann man das Leben berühren.

Die Träume der Mönche

In alten Klöstern, versteckt, so still,
Wo die Zeit langsamer rinnt, nach eigenem Will.
Leben Mönche in Trance, im Geist so frei,
Träumend von Welten, weit, dabei.

Ihre Gedanken, wie Wolken, so leicht,
Über Berge und Täler, ins Unendliche reicht.
Sie suchen nach Sinn, nach Erleuchtung, so klar,
Ihre Seelen, so ruhig, das Ziel, es ist nah.

In Stille verweben, ihre Träume, so sacht,
In Meditation finden, sie neue Kraft.
Die Träume der Mönche, so tief und so rein,
Ein Weg zu verstehen, im Einklang zu sein.

Die Natur, ihr Gefährte, der Wind, ihr Freund,
In der Einfachheit ihres Seins, wird nichts bereut.
Ihre Träume, wie Samen, in Stille gelegt,
Wachsen in Weisheit, die niemals versägt.

So träumen sie weiter, in der Nacht, im Tag,
Ihre Geister, so wach, in dem, was war und was mag.
Die Träume der Mönche, ein leises Gebet,
Für eine Welt im Frieden, wo Liebe besteht.

Der Ruf des Meeres

Hörst du, wie die Wellen rufen,
leise flüstern sie deinen Namen.
Tief im Herzen, unergründliche Tiefen,
lockt das Meer, entfacht die Flammen.

Blau und grenzenlos erstreckt es sich,
in den Horizont verliebt, unendlich weit.
Seine Geheimnisse verborgen, ewiglich,
ruft es dich in die Freiheit, in die Weite.

Möwen kreischen, im Wind das Lied,
vom Salz geküsst, die Luft so rein.
Das Herz, es singt, der Geist flieht,
im Ruf des Meeres will es sein.

Wellen tanzen, schäumen in der Nacht,
Sterne spiegeln sich, im Wasser, so klar.
Die Sehnsucht, endlos wie das Meer bedacht,
hält dich umfangen, immerdar.

Im Schatten des Banyanbaums

Unter dem Banyan, mächtig und weit,
findet die Seele Ruhe, in Ewigkeit.
Blätter flüstern Geschichten, alt und neu,
in seinem Schatten findet der Geist seine Reu'.

Wurzeln, tief in die Erde sich graben,
halten die Zeit, bewahren die Gaben.
Im Schatten des Baumes, Leben verweilt,
wo Licht und Dunkel sich sanft vereint.

Vögel singen in den Zweigen, so hoch,
Lieder der Freiheit, im Tageszug doch.
Die Sonne bricht durch das Blätterdach,
zaubert Muster, hell und sacht.

Ruhe und Frieden, unter dem Baum,
ein stiller Zeuge, wie in einem Traum.
Zeit steht still, hier an diesem Ort,
im Schatten des Banyanbaums, weit fort.

Die Magie der Gamelan-Klänge

Im Herzen Javas, bei Mondenschein,
erwachen die Klänge, zart und fein.
Gamelan tönt, in mystischer Runde,
füllt die Nacht mit seiner Kunde.

Metall und Holz, in Harmonie spielen,
Altes Wissen, sie mit uns teilen.
Rhythmen, die sanft die Seele berühren,
in ihren Bann, uns sicherlich führen.

Tänzer bewegen sich, graziös und leicht,
von den Klängen zärtlich umsäumt.
Die Magie der Musik, unerreicht,
durch die Nacht, wie ein Traum geträumt.

Die Melodie trägt weit über das Land,
verbindet die Herzen, wie unsichtbares Band.
Gamelan-Klänge, voll Zauber und Macht,
in der Stille der Nacht, leise erwacht.

Flüsternde Wellen an schwarzen Stränden

An Stränden dunkel, mit Sand so schwarz,
flüstern die Wellen, bei Mondes Schmarz.
Geheimnisse tief, in der Dunkelheit bergen,
Versprechen leise, die Nacht zu stärken.

Der Wind erzählt, eine alte Sage,
von Schiffen, die hier fanden ihre Lage.
Wellen, die sanft die Geschichten tragen,
über schwarzen Sand, in ewigen Fragen.

Sterne, die leuchten, so hell, so klar,
über dem Meer, unendlich, wunderbar.
Flüsternde Wellen, an Stränden so schwarz,
führen die Gedanken in einen weit' Raum, so knapp.

Im Einklang, Natur, in ihrer Pracht,
schafft sie Momente, so zart, so sacht.
Schwarze Strände, vom Mond beschienen,
Ort der Ruhe, in den Träumen, den schienen.

Verschlungene Wege

Auf verschlungenen Pfaden, durch Nebel und Tau,
Gehen wir Hand in Hand, in der Morgenfrühe grau.
Nicht wissend, wohin der Weg uns führt,
Nur dass jede Kurve Neues gebiert.

In der Stille des Waldes, unter raschelndem Laub,
Erzählen die Bäume Geschichten, Glaub,
An die Kraft, die in der Ruhe liegt,
Und wie der Wind durch die Zweige fliegt.

Lichtblicke durchbrechen das dichte Grün,
Führen uns sanft, lassen uns nie allein.
Schatten werfen ihre Rätsel, doch wir gehen weiter,
Schritt für Schritt, zusammen, heiter.

Bäche plätschern, Vögel singen Lieder,
Melodien der Natur, immer wieder.
Verschlungen die Wege, doch klar das Ziel,
Gefunden in der Liebe, im gemeinsamen Spiel.

Der Geist des Meeres

Tief im Blau, wo die Dunkelheit wohnt,
Ruht der Geist des Meeres, unbescholten, unverhohnt.
In der Tiefe verborgen, in Mysterien gehüllt,
Sein Lied über die Wasser, die Seelen erfüllt.

Wellen erzählen Geschichten, alt und neu,
Von Stürmen, von Ruhe, vom ewigen Seemanns Leid.
Der Geist des Meeres, wachsam und weise,
Lenkt die Schiffe, in stiller, unsichtbarer Reise.

Möwen kreisen, der Wind trägt ihre Rufe weit,
Ein Lied der Freiheit, in Unendlichkeit.
Der Geist des Meeres, in allem, was lebt,
Eine Kraft, die nimmt, die gibt, die webt.

In der Tiefe seiner Augen, ein Funkeln, ein Schein,
Von Geschichten so alt, wie die Zeit, tief und rein.
Der Geist des Meeres, ewig und groß,
In seinem Herzen ruht, der Welt süßer Trost.

Die unendliche Reise

Unter dem Sternenzelt, weit und groß,
Beginnt unsere Reise, ohne Anfang, ohne Schloss.
Durch die Nacht, durch den Tag, immerzu,
Entdecken wir Welten, alt und neu.

Über Meere, durch Wälder, über Berge hoch,
Folgen wir den Träumen, in der Nacht, im Sonnenklopf.
Zeit und Raum, in unseren Händen weich,
Unsere Seelen frei, das Ziel ewigreich.

Freunde finden, Abschied nehmen, immerfort,
Auf der unendlichen Reise, von Ort zu Ort.
Geschichten sammeln, Lachen und Weinen so klar,
Jeder Moment einzigartig, wunderbar.

Der Weg ist das Ziel, so sagen sie,
Auf der unendlichen Reise lernen wir, sehen wir,
verstehen wir, eh.
Die Sterne leiten, das Herz so weit,
Auf der unendlichen Reise, durch die Zeit.

www.ingramcontent.com/pod-product-compliance
Lightning Source LLC
LaVergne TN
LVHW020422070526
838199LV00003B/237